MINISTÈRE DE L'INTÉRIEUR.

SOCIÉTÉS DE SECOURS MUTUELS.

LOIS ET DÉCRETS.

STATUTS-MODÈLES.

DIXIÈME ÉDITION.

TABLE.

DÉCRET ORGANIQUE

DU 26 MARS 1852

SUR LES

SOCIÉTÉS DE SECOURS MUTUELS APPROUVÉES.

TITRE PREMIER.

ORGANISATION ET BASE DES SOCIÉTÉS DE SECOURS MUTUELS.

Art. 1er. Une société de secours mutuels sera créée par les soins du maire et du curé dans chacune des communes où l'utilité en aura été reconnue.

Cette utilité sera déclarée par le Préfet, après avoir pris l'avis du conseil municipal.

Toutefois une seule société pourra être créée pour deux ou plusieurs communes voisines entre elles, lorsque la population de chacune sera inférieure à mille habitants.

Art. 2. Ces sociétés se composent d'associés participants et de membres honoraires. Ceux-ci payent les cotisations fixées ou font des dons à l'association sans participer aux bénéfices des statuts.

Art. 3. Le président de chaque société sera *élu* par les *sociétaires pour cinq ans* [1].

Le bureau sera nommé par les membres de l'association.

[1] Modifié par les décrets des 18 juin 1864 et 27 octobre 1870. (Voir page 8.)

Art. 4. Le président et le bureau prononceront l'admission des membres honoraires.

Le président surveillera et assurera l'exécution des statuts. Le bureau administrera la société.

Art. 5. Les associés participants ne pourront être reçus qu'au scrutin et à la majorité des voix de l'assemblée générale [1].

Le nombre des sociétaires participants ne pourra excéder celui de cinq cents; cependant il pourra être augmenté en vertu d'une autorisation du Préfet.

Art. 6. Les sociétés de secours mutuels auront pour but d'assurer des secours temporaires aux sociétaires malades, blessés ou infirmes, et de pourvoir à leurs frais funéraires.

Elles pourront promettre des pensions de retraite si elles comptent un nombre suffisant de membres honoraires [2].

Art. 7. Les statuts de ces sociétés seront soumis à l'approbation du Ministre de l'intérieur, pour le département de la Seine, et du Préfet, pour les autres départements.

Ces statuts régleront les cotisations de chaque sociétaire d'après les tables de maladie et de mortalité confectionnées ou approuvées par le Gouvernement.

TITRE II.

DES DROITS ET OBLIGATIONS DES SOCIÉTÉS DE SECOURS MUTUELS APPROUVÉES.

Art. 8. Une société de secours mutuels *approuvée* peut

[1] Voir circulaire du Président du Conseil, Ministre de l'intérieur, du 26 décembre 1876, page 9.

[2] Voir décret réglementaire du 26 avril 1856, page 14.

prendre des immeubles à bail, posséder des objets mobiliers et faire tous les actes relatifs à ces droits.

Elle peut recevoir, avec l'autorisation du Préfet, des dons et des legs mobiliers dont la valeur n'excède pas cinq mille francs [1].

[1] Au delà de 5,000 francs, un décret est nécessaire. (Avis du Conseil d'État du 12 juillet 1864; arrêts de la Cour de cassation du 8 mai et du 22 juillet 1878.)

Pièces à produire :

Donation. — 1° Expédition en forme authentique de l'acte public de donation;

2° Certificat de vie du donateur, dressé par le maire de la commune de son domicile ou par un notaire;

3° Renseignements aussi exacts que possible, fournis par le maire, le juge de paix ou le commissaire de police, sur la situation de fortune du donateur et de ses héritiers présomptifs, et indication affirmative ou négative de l'existence d'héritiers à réserve;

4° Délibération du bureau ou de l'assemblée générale de la société sur l'acceptation provisoire de la libéralité;

5° Avis du sous-préfet;

6° Avis motivé du préfet, s'il doit être statué par décret.

Legs. — 1° Expédition ou extrait authentique du testament et des codicilles;

2° Acte de décès du testateur;

3° Délibération du bureau ou de l'assemblée générale de la société sur l'acceptation provisoire de la libéralité;

4° Adhésion des héritiers ou leur opposition à la délivrance du legs, ou du moins la preuve de leur mise en demeure ;

5° État des biens laissés par le testateur, et, en cas de réclamation des héritiers naturels ou institués, évaluation totale de l'actif ou du passif de la succession;

6° Renseignements fournis par le maire, le juge de paix ou le commissaire de police sur le nombre et le degré des héritiers, y compris ceux qui ne réclament pas, sur leur situation de fortune et leurs charges de famille;

7° Au cas où le testateur laisse des héritiers dont le domicile n'est pas connu, certificat attestant qu'un extrait du testament a été affiché de huitaine en huitaine, et à trois reprises différentes, au chef-lieu du domicile du testateur, et un exemplaire certifié du journal désigné pour les annonces judiciaires où cet

Art. 9. Les communes sont tenues de fournir gratuitement aux sociétés *approuvées* les locaux nécessaires pour leurs réunions, ainsi que les livrets et registres nécessaires à l'administration et à la comptabilité.

En cas d'insuffisance des ressources de la commune, cette dépense est à la charge du département.

Art. 10. Dans les villes où il existe un droit municipal sur les convois, il sera accordé à chaque société une remise des deux tiers sur les convois dont elle devra supporter les frais, aux termes des statuts.

Art. 11. Tous les actes intéressant les sociétés de secours mutuels *approuvées* seront exempts des droits de timbre et d'enregistrement (1).

Art. 12. Des diplômes pourront être délivrés par le bureau de la société à chaque sociétaire participant.

Ces diplômes leur serviront de passe-port et de livret, sous les conditions déterminées par un arrêté ministériel.

Art. 13. Lorsque les fonds réunis dans la caisse d'une société de plus de cent membres excéderont la somme de trois mille francs, l'excédant sera versé à la Caisse des dépôts et consignations (2).

Si la société est de moins de cent membres, ce versement devra être opéré lorsque les fonds réunis dans la caisse dépasseront mille francs.

extrait a été inséré, avec invitation d'adresser au Préfet, dans le même délai, les réclamations qu'ils auraient à présenter;

8° Avis du sous-préfet;

9° Avis motivé du Préfet, s'il doit être statué par un décret.

(1) Voir loi du 23 août 1871, sur le timbre, et circulaire du Ministre de l'intérieur du 26 mars 1874.

(2) Dans les départements, chez les trésoriers payeurs généraux et receveurs particuliers, préposés de la Caisse des dépôts et consignations.

Le taux de l'intérêt des sommes déposées est fixé à quatre et demi pour cent.

Art. 14. Les sociétés de secours mutuels approuvées pourront faire aux caisses d'épargne [1] des dépôts de fonds égaux à la totalité de ceux qui seraient permis au profit de chaque sociétaire individuellement.

Elles pourront aussi verser dans la caisse des retraites, au nom de leurs membres actifs, les fonds restés disponibles à la fin de chaque année.

Art. 15. Sont nulles de plein droit les modifications apportées à ses statuts par une société, si elles n'ont pas été préalablement approuvées par le Préfet.

La dissolution ne sera valable qu'après la même approbation [2].

En cas de dissolution d'une société de secours mutuels, il sera restitué aux sociétaires faisant en ce moment partie de la société le montant de leurs versements respectifs, jusqu'à concurrence des fonds existants, et déduction faite des dépenses occasionnées par chacun d'eux.

Les fonds restés libres après cette restitution seront partagés entre les sociétés du même genre ou les établissements de bienfaisance situés dans la commune; à leur défaut, entre les sociétés de secours mutuels approuvées du même département, au prorata du nombre de leurs membres.

Art: 16. Les sociétés approuvées pourront être suspen-

[1] «A partir du 1er juillet 1853, l'intérêt bonifié aux caisses d'épargne par «la Caisse des dépôts et consignations est fixé à 4 p. o/o.» (Loi du 7 mai 1853, art. 1er.)

[2] Voir, pour la liquidation après dissolution, les articles 6 et 17 du décre portant règlement d'administration publique du 14 juin 1851, page 7.

dues ou dissoutes par le Préfet, pour mauvaise gestion, inexécution de leurs statuts ou violation des dispositions du présent décret [1].

TITRE III.

DISPOSITIONS GÉNÉRALES.

Art. 17. Les sociétés de secours mutuels déclarées établissements d'utilité publique, en vertu de la loi du 15 juillet 1850, jouiront de tous les avantages accordés par le présent décret aux sociétés approuvées.

Art. 18. Les sociétés non autorisées actuellement existantes, ou qui se formeraient à l'avenir, pourront profiter des dispositions du présent décret, en soumettant leurs statuts à l'approbation du Préfet.

Art. 19. Une Commission supérieure d'encouragement et de surveillance des sociétés de secours mutuels est instituée au Ministère de l'intérieur, de l'agriculture et du commerce.

Elle est composée de dix membres nommés par le Président de la République.

Cette Commission est chargée de provoquer et d'encourager la fondation et le développement des sociétés de secours mutuels, de veiller à l'exécution du présent décret et de préparer les instructions et règlements nécessaires à son application.

Elle propose des mentions honorables, médailles d'honneur et autres distinctions honorifiques en faveur des

[1] Voir, pour la communication des registres et archives des sociétés, l'article 6 du décret portant règlement d'administration publique du 14 juin 1851, page 7.

membres honoraires ou participants qui lui paraissent les plus dignes.

Elle propose à l'approbation du Ministre de l'intérieur les statuts des sociétés de secours mutuels établies dans le département de la Seine.

Art. 20. Les sociétés de secours mutuels adresseront chaque année au Préfet un compte rendu de leur situation morale et financière.

Chaque année, la Commission supérieure présentera au Président de la République un rapport sur la situation de ces sociétés et lui soumettra les propositions propres à développer et à perfectionner l'institution.

DÉCRET

portant règlement d'administration publique sur les sociétés de secours mutuels.

Du 14 juin 1851.

Art. 6. Les sociétés de secours mutuels sont tenues de communiquer leurs livres, registres, procès-verbaux et pièces de toute nature aux Préfets, sous-préfets et maires et à leurs délégués.

Cette communication a lieu sans déplacement, sauf le cas où le déplacement serait ordonné par arrêté du Préfet.

Art. 10. Le Préfet peut suspendre l'administration de la société en cas de fraude dans la gestion ou d'irrégularité grave dans les registres ou pièces de comptabilité.

Les sociétaires sont immédiatement convoqués par le maire pour pourvoir au remplacement provisoire de l'administration suspendue.

En cas de négligence ou de refus des sociétaires, le maire y pourvoira d'office.

Art. 11. Le Préfet peut ordonner la suspension temporaire de la société elle-même, dans le cas où elle sortirait des conditions des sociétés mutuelles de bienfaisance.

Art. 12. Les arrêtés de suspension seront notifiés à l'administration de la société et au maire de la commune, chargé d'en assurer l'exécution.

Il seront transmis immédiatement, avec un rapport motivé, au Ministre de l'intérieur.

Art. 17. La liquidation se fait sous la surveillance du Préfet ou de son délégué.

Les comptes de liquidation sont adressés au Ministre de l'intérieur.

ÉLECTION DES PRÉSIDENTS DES SOCIÉTÉS DE SECOURS MUTUELS APPROUVÉES.

Décret du 27 octobre 1870.

L'article 3 du décret du 26 mars 1852 est abrogé. Les présidents des sociétés approuvées ou reconnues comme établissements d'utilité publique seront élus par les sociétaires.

DURÉE DES FONCTIONS DES PRÉSIDENTS.

Décret du 18 juin 1864.

La durée des fonctions des présidents des sociétés de secours mutuels approuvées est fixée à cinq ans, à partir du jour de leur nomination.

Admission des membres participants. — Casiers judiciaires. — Formalité pour en recevoir communication.

Circulaire du Président du Conseil, Ministre de l'intérieur, du 26 décembre 1876.

MONSIEUR LE PRÉFET, aux termes de l'article 5 du décret organique du 26 mars 1852 sur les sociétés de secours mutuels approuvées, les membres participants ne peuvent être reçus *qu'au scrutin et à la majorité des voix de l'assemblée générale.*

Avant qu'il soit procédé au vote qui détermine l'admission ou le rejet, le bureau a la mission de recueillir des renseignements sur les antécédents du candidat; les statuts de la plupart de ces associations et les statuts-modèles excluent toute personne qui a subi une condamnation infamante. En outre, les présidents et, à leur défaut, les membres du bureau, étant appelés, par le décret du 26 avril 1866 et par la législation qui réglemente les opérations de la Caisse des retraites pour la vieillesse, à certifier certaines pièces et à leur donner le caractère d'authenticité nécessaire pour attester les titres des candidats aux pensions de retraite, il importe qu'aucune des formalités ne puisse être arguée de nullité par suite de l'incapacité de l'administration signataire.

Plusieurs présidents ayant appelé mon attention sur la nécessité de leur faciliter les recherches que motivent parfois les admissions des membres participants, j'ai prié M. le Garde des sceaux, Ministre de la justice et des cultes, de vouloir bien accueillir le vœu soumis à mon administration. J'extrais de la circulaire adressée le 6 décembre 1876 à MM. les Procureurs généraux le passage suivant concernant les sociétés de secours mutuels : « Quelques difficultés se sont élevées sur le « prix dû aux greffiers pour les bulletins qui leur sont demandés par « les préfets ou par les maires, relativement aux candidats qui sollicitent leur admission dans une société de secours mutuels approuvée. « Les greffiers ne doivent réclamer que 25 centimes, somme fixée par « toutes les circulaires à l'égard des extraits délivrés aux administra- « tions publiques; mais ils peuvent exiger que la lettre du *préfet* ou

« du *maire mentionne expressément que l'extrait est demandé à titre de « renseignement administratif.* »

En conséquence, lorsque le président d'une société de secours mutuels approuvée estimera qu'il est nécessaire de recourir au casier judiciaire, il devra s'adresser soit au Préfet, soit au maire, qui réclamera le renseignement sous les conditions prescrites par la circulaire du 6 décembre 1876.

DÉCRET

autorisant le port des médailles d'honneur.

Du 27 mars 1858.

Art. 1er. Les personnes auxquelles nous aurons accordé des médailles d'honneur[1], en leur qualité de membres d'une société de secours mutuels, pourront porter ces médailles, suspendues à un ruban noir liséré de bleu, dans l'intérieur des édifices où leur société se réunira en vertu de convocations régulières.

Art. 2. Il est interdit de porter ces médailles en tout autre lieu et hors le temps des réunions, comme aussi de porter le ruban seul.

ARRÊTÉ DU MINISTRE DE L'INTÉRIEUR

déterminant la forme des médailles d'honneur accordées aux membres des sociétés de secours mutuels approuvées.

Du 24 juin 1858.

Art. 1er. La médaille d'honneur accordée pour services rendus à l'institution des sociétés de secours mutuels approuvées est du module

[1] Décret du 26 mars 1852, art. 19.

de vingt-sept millimètres. La face porte l'effigie de l'Empereur [1], avec les mots : *Napoléon III, Empereur* [2], en exergue. Au revers sont inscrits les nom et prénoms du membre à qui la médaille a été décernée, le nom de la commune siége de la société, et le millésime, entourés d'une couronne d'olivier, au nœud de laquelle se trouve une ruche, symbole du travail et de la prévoyance, avec les mots : *Société de secours mutuels, médaille d'honneur*, en exergue.

La belière se compose d'une couronne d'olivier, de forme ovale, et d'un anneau.

La médaille est suspendue à un ruban moiré, fond noir, de trente millimètres de large, portant deux lisérés bleus de quatre millimètres et bordé de filets noirs d'un millimètre.

Le tout conformément au dessin-type de la médaille et du ruban ci-annexé.

MEMBRES PARTICIPANTS CONVALESCENTS

DES SOCIÉTÉS DE SECOURS MUTUELS APPROUVÉES DU DÉPARTEMENT DE LA SEINE.

Asiles du Vésinet et de Vincennes. — Admission. — Prix de la journée.

Arrêté du 10 juillet 1874.

LE MINISTRE DE L'INTÉRIEUR,

Vu les articles 3 et 4 des règlements généraux des asiles nationaux de Vincennes et du Vésinet,

Vu le rapport et la proposition du Directeur du secrétariat et de la comptabilité,

ARRÊTE :

ART. 1er. Le prix de séjour et de traitement des convalescents admis aux asiles nationaux de Vincennes et du Vésinet est fixé ainsi qu'il suit :

Pour les membres participants des sociétés de secours mutuels *approuvées du département de la Seine*, à 75 centimes par jour.

[1] Remplacé par ces mots : *la République française.*

[2] Remplacé par ces mots : *République française.*

TIMBRE.

Application de la loi du 23 août 1871 sur le timbre, en ce qui concerne : 1° les cotisations des membres honoraires et des membres participants; 2° les dispositions entre vifs ou testamentaires; 3° les extraits d'acte de naissance et de décès; 4° les certificats de maladie délivrés par les médecins; 5° les mandats de payement pour indemnités de maladie, soit quittancés, soit non quittancés.

Circulaire du Vice-Président du Conseil, Ministre de l'intérieur, du 28 mars 1874.

Monsieur le Préfet, mon prédécesseur vous a fait connaître, par sa circulaire du 12 novembre 1873, que, en exécution de la loi du 23 août 1871 sur le timbre, 1° les quittances qui constatent le versement des cotisations annuelles des membres des sociétés de secours mutuels approuvées, supérieures à 10 francs, sont assujetties à la taxe de 10 centimes établie par les articles 18 et 20 de la loi précitée; 2° que les dispositions entre-vifs ou testamentaires contenant des dons ou legs en faveur des sociétés de secours mutuels *approuvées* ou *reconnues* comme établissements d'utilité publique sont soumises au payement des droits; 3° que les extraits d'actes de naissance ou de décès qui doivent être produits par les présidents des sociétés de secours mutuels *approuvées*, pour la liquidation des pensions de retraite ou la réintégration à la Caisse des retraites des fonds rendus libres par le décès des pensionnaires, continuent à être exonérés du payement des droits, conformément aux termes de l'article 11 du décret organique du 26 mars 1852.

M. le Ministre des finances vient de m'informer que les certificats délivrés par les médecins pour la constatation soit des maladies, soit de la guérison des sociétaires, rentrent également dans la catégorie des actes que l'article 11 du décret du 26 mars 1852 a exemptés des droits de timbre et d'enregistrement.

Une distinction devra être faite en ce qui concerne les mandats de payement pour les indemnités de maladie.

Par eux-mêmes, et pour les mêmes motifs, ils sont libérés du timbre.

Mais s'ils portent l'acquit des parties prenantes, ils peuvent donner ouverture, lorsque la somme payée est supérieure à 10 francs, au droit spécial de 10 centimes établi sur les quittances et décharges.

Il résulte de ce qui précède que le mandat pour indemnité de maladie, signé par le président, remis par le sociétaire au trésorier, et payé par ce dernier, sans que l'acquit y soit ajouté par le sociétaire, n'est pas soumis à la taxe.

En outre, le mandat, même quittancé, pour indemnité de maladie, dont le montant est inférieur à 10 francs, est également exempt; car, dans l'espèce, il n'y a pas lieu d'assimiler les payements d'indemnités hebdomadaires à des à-compte sur une seule et même créance.

Je vous prie de communiquer ces décisions de M. le Ministre des finances aux présidents des sociétés de secours mutuels *approuvées* de votre département.

EXONÉRATION DE L'IMPÔT SUR LES CERCLES, LIEUX DE RÉUNION, ETC., ETC.

Loi du 16 septembre 1871.

A dater du 1er octobre 1871, les abonnés des cercles, sociétés et lieux de réunion où se payent des cotisations supporteront une taxe de vingt pour cent desdites cotisations payées par les membres ou associés. Cette taxe sera acquittée par les gérants, secrétaires ou trésoriers.

Ne sont pas assujetties à la taxe les sociétés de bienfaisance et de secours mutuels, ainsi que celles exclusivement scientifiques, littéraires, agricoles, musicales, dont les réunions ne sont pas quotidiennes.

DÉCRET

du 26 avril 1856, relatif à la constitution d'un fonds de retraite dans les sociétés de secours approuvées.

TITRE PREMIER.

DE LA FORMATION DU FONDS DE RETRAITE.

Art. 1. Une somme de deux cent mille francs, imputable sur les intérêts disponibles de la dotation des sociétés de secours mutuels, est affectée à la constitution d'un fonds de retraite au profit des associations de secours mutuels *approuvées* qui prendront, en assemblée générale, l'engagement de consacrer à ce fonds de retraite une portion de leur capital de réserve.

Art. 2. Les sommes accordées sur les intérêts de la dotation, les sommes votées [1] par les sociétés en vertu de l'article précédent et le montant des legs et donations faits en vue d'accroître le fonds de retraite seront versés à la Caisse des dépôts et consignations, où ils produiront intérêt, conformément à l'article 13 du décret organique du 26 mars 1852 [2].

(1) «La délibération est approuvée, pour le département de la Seine, par le «Ministre de l'intérieur, et, pour les autres départements, par le Préfet.» (Décret du 13 avril 1861, art. 1er, § 11.)

(2) «Le taux de l'intérêt des sommes déposées est fixé à quatre et demi pour «cent.» (Décret du 26 mars 1852, art 13.)

Les intérêts que le service des pensions n'aura pas absorbés seront capitalisés chaque année.

Art. 3. En cas de dissolution d'une société, le Ministre de l'intérieur déterminera l'emploi de son fonds de retraite, sur la proposition de la Commission supérieure. Ce fonds pourra être affecté à la création de pensions au profit des anciens sociétaires.

S'il ne reçoit pas cette destination, il sera attribué aux autres sociétés *approuvées* de la même commune possédant déjà un fonds de retraite, ou, à défaut, à une ou plusieurs sociétés du même département.

Art. 4. La portion du fonds de retraite fournie par les sociétés pourra être placée à la Caisse générale des retraites, soit à capital aliéné, soit à capital réservé.

La portion du même fonds accordée par l'État demeure inaliénable.

Le capital des pensions rendu libre par le décès des pensionnaires fera retour au fonds de retraite de la société.

TITRE II.

DE LA LIQUIDATION ET DU PAYEMENT DES PENSIONS.

Art. 5. Les pensions sont servies par la Caisse générale des retraites pour la vieillesse.

Art. 6. Les sociétés désigneront, en assemblée générale, les candidats aux pensions de retraite parmi les membres participants âgés de plus de cinquante ans et qui auront acquitté la cotisation sociale pendant dix ans au moins.

La même délibération fixera laquot ité des pensions.

Art. 7. Les propositions formulées en vertu de l'article 6 seront transmises au Ministre de l'intérieur par l'intermédiaire du Préfet, pour être examinées par la Commission supérieure et approuvées ultérieurement, s'il y a lieu.

ART. 8. Les pensions ne peuvent être inférieures à trente francs, ni excéder, dans aucun cas, le décuple de la cotisation annuelle fixée par les statuts de la société à laquelle le titulaire appartient.

FIXATION DU CAPITAL NÉCESSAIRE POUR CONSTITUER LES PENSIONS DE RETRAITE.

Loi portant fixation du budget général des dépenses et des recettes de l'exercice 1873.

Du 20 décembre 1872.

ART. 17. Le taux de l'intérêt composé du capital dont il est tenu compte dans les tarifs d'après lesquels est fixé le montant de la rente viagère à servir aux déposants de la Caisse des retraites pour la vieillesse sera, à partir du 1er janvier 1873, élevé à cinq pour cent.

ÉPOQUES POUR LE PAYEMENT DES ARRÉRAGES DES PENSIONS VIAGÈRES.

Loi relative aux contributions directes à percevoir en 1877.

Du 12 août 1876.

ART. 13. A partir du 1er décembre 1876, les arrérages trimestriels des rentes viagères pour la vieillesse et des pensions inscrites sur le grand-livre de la Dette publique seront payables aux époques des 1er mars, 1er juin, 1er septembre et 1er décembre de chaque année[1].

[1] Voir la circulaire du 27 octobre 1876, page 25.

TARIF

DES PENSIONS DE RETRAITE

(À CAPITAL RÉSERVÉ)

DES MEMBRES PARTICIPANTS

DES SOCIÉTÉS DE SECOURS MUTUELS APPROUVÉES.

(Décret du 26 avril 1856; lois du 12 juin 1861 et du 20 décembre 1872.)

ÂGE.	PENSION de 30 fr.	PENSION de 40 fr.	PENSION de 50 fr.	PENSION de 60 fr.	PENSION de 70 fr.	PENSION de 80 fr.	PENSION de 90 fr.	PENSION de 100 fr.
	fr.	fr.	fr.	fr.	fr.	fr.	fr.	fr.
50 ans....	602	802	1,002	1,203	1,403	1,603	1,804	2,004
51.......	601	802	1,002	1,202	1,403	1,603	1,803	2,004
52.......	601	802	1,002	1,202	1,402	1,603	1.803	2,003
53.......	601	801	1.002	1,002	1,402	1,602	1,803	2,003
54.......	601	801	1,001	1,002	1,402	1,602	1,802	2,002
55.......	601	801	1,001	1,201	1,401	1,602	1,802	2,002
56.......	601	801	1,001	1,201	1,401	1,601	1,801	2,001
57.......	601	801	1,001	1,201	1,401	1,601	1,801	2,001
58.......	600	800	1,000	1,200	1,400	1,600	1,800	2,000
59.......	600	800	1,000	1,200	1,400	1,600	1,800	2,000
60.......	600	800	1,000	1,200	1,399	1,599	1,799	1,999
61.......	600	800	999	1,199	1,399	1,599	1,798	1,998
62.......	600	799	999	1,199	1,398	1,598	1,798	1,997
63.......	599	799	998	1,198	1,398	1,597	1,797	1,996
64.......	599	798	998	1,197	1,397	1,596	1,796	1,995
65*......	599	798	998	1,197	1,396	1,595	1,795	1,994

* A partir de 65 ans, les tarifs de la Caisse des retraites pour la vieillesse ne subissent plus de modifications, et les rentes viagères au profit des personnes plus âgées sont liquidées suivant les tarifs déterminés pour cet âge. (Art. 6, loi du 12 juin 1861.)

LOI

qui crée, sous la garantie de l'État, une Caisse de retraites ou rentes viagères pour la vieillesse.

Des 8 mars, 12 et 18 juin 1850.

Art. 1er. Il est créé, sous la garantie de l'État, une Caisse de retraites ou rentes viagères pour la vieillesse.

Art. 2. Le capital de ces retraites est formé par les versements volontaires des déposants effectués à la Caisse des dépôts et consignations.

Art. 3. Le montant de la rente viagère à servir sera fixé conformément à des tarifs tenant compte, pour chaque versement :

1° De l'intérêt composé du capital à raison de cinq pour cent par an ;

2° Des chances de mortalité en raison de l'âge des déposants et de l'âge auquel commence la retraite, calculées d'après les tables dites *de Deparcieux;*

3° Du remboursement, au décès, du capital versé, si le déposant en fait la demande au moment du versement.

Art. 5. Ces rentes sont incessibles et insaisissables jusqu'à concurrence seulement de trois cent soixante francs.

Art. 11. Les certificats, actes de notoriété et autres pièces exclusivement relatives à l'exécution de la présente loi seront délivrés gratuitement et dispensés des droits de timbre et d'enregistrement.

Art. 12. La Caisse des retraites sera gérée par l'Administration de la Caisse des dépôts et consignations.

LOI

relative à la Caisse des retraites pour la vieillesse.

Du 12 juin 1861.

Art. 3. Les étrangers sont admis à faire des versements à la Caisse des retraites pour la vieillesse aux mêmes conditions que les nationaux.

Art. 5. Les versements effectués..... par les sociétés de secours mutuels ne sont soumis à aucune limite.

Art. 6. L'entrée en jouissance de la pension est fixée... à partir de chaque année d'âge accomplie de cinquante à soixante-cinq ans.

Les tarifs sont calculés jusqu'à ce dernier âge.

Les rentes viagères au profit de personnes âgées de plus de soixante-cinq ans sont liquidées suivant les tarifs déterminés pour cet âge.

Art. 9. Au décès du titulaire de la rente, avant ou après l'époque de l'entrée en jouissance, le capital déposé est remboursé sans intérêt aux ayants droit.

DÉCRET

portant règlement pour l'exécution de la loi du 18 juin 1850 sur la Caisse des retraites ou rentes viagères pour la vieillesse.

Du 27 mars 1851.

Art. 20. Les tarifs dressés en exécution de l'article 3 de la loi du 18 juin 1850 seront calculés par trimestre.

DÉCRET

portant règlement sur la Caisse des retraites pour la vieillesse.

Du 27 juillet 1861.

Art. 26. Les tarifs dressés en exécution des articles 3 de la loi du 18 juin 1850 et 2 de la loi du 12 juin 1861 sont établis sur l'unité de franc.

Art. 27. Pour l'application des tarifs, les trimestres commenceront les 1er janvier, 1er avril, 1er juillet et 1er octobre[1].

Art. 28. Les certificats de vie[2] à produire, soit pour l'inscription des rentes viagères de la vieillesse, soit pour le payement des arrérages desdites rentes, sont exemptés des droits de timbre et peuvent être délivrés, soit par les notaires, soit par le maire de la résidence du rentier.

LOI

qui modifie celle du 12 juin 1861, relative à la Caisse des retraites pour la vieillesse.

Du 4 mai 1864.

Le maximum de la rente viagère que la Caisse des retraites est autorisée à faire inscrire sur la même tête est fixé à mille cinq cents francs.

LIQUIDATION DES PENSIONS DE RETRAITE.

Circulaire du Ministre de l'intérieur du 21 février 1873.

Monsieur le Préfet, le nombre des pensions de retraite con-

(1) Voir loi du 12 août 1876, art. 13, page 16.

(2) Certificat de vie exigé par l'article 16, § 3, du même décret.

cédées par les sociétés de secours mutuels approuvées s'est considérablement augmenté pendant ces dernières années et tend tous les jours à s'accroître. Un assez grand nombre de ces associations, dont la création remonte à une date déjà éloignée, ont atteint en effet la durée de fonctionnement et la somme d'économies qui devaient leur permettre de compléter, par le vote des pensions, les avantages considérables qu'elles assurent aux sociétaires. Mais l'application, toute nouvelle pour ces sociétés, du décret du 26 avril 1856 devait présenter pour beaucoup d'entre elles des difficultés résultant de leur inexpérience : illégalité de délibérations, omissions de certaines formalités, retards dans la transmission des procès-verbaux. Ces inconvénients, outre qu'ils surchargent la correspondance administrative, entraînent pour les nouveaux pensionnaires la perte d'un trimestre, d'un semestre, souvent d'une année de la rente viagère qui leur est accordée. Plusieurs vieillards désignés pour la pension sont même décédés avant d'avoir pu en toucher un seul terme. Il importe donc que les sociétés de secours mutuels soient plus complétement éclairées sur les règles qu'elles ont à suivre pour concéder la pension et pour en obtenir promptement la liquidation.

Aux termes des articles 6 et 8 du décret du 26 avril 1856 :

1° Les sociétés doivent désigner en assemblée générale les candidat, aux pensions de retraite parmi les membres participants âgés de plus de cinquante ans et qui ont acquitté la cotisation sociale pendant dix ans au moins ;

2° La même délibération doit fixer la quotité de la pension ;

3° Les pensions ne peuvent être inférieures à 30 francs ni excéder dans aucun cas, le décuple de la cotisation annuelle de la société.

Il arrive fréquemment que le président d'une société demande la liquidation d'une pension accordée *par le bureau,* ou que le candidat désigné ne remplit pas les conditions imposées, soit par l'article 6 du décret, soit par les dispositions des statuts spéciales aux pensions.

Vous voudrez donc bien, avant de me transmettre le dossier, vous assurer, d'après les pièces qui le composent, que le candidat réunis les conditions statutaires et qu'il a été désigné *directement* et *personnellement* par l'assemblée générale. Il ne suffit pas d'établir, comme ont l'a cru dans certaines sociétés, que le candidat a atteint l'âge ainsi que le temps de sociétariat exigé par le décret de 1856 et par les statuts, car il pourrait y avoir dans la même société plusieurs membres participants ayant l'âge et l'ancienneté voulus, alors que le revenu disponible du fonds de retraite ne permettrait pas de donner à tous la pension. En conséquence, il est de toute nécessité qu'un vote intervienne, conformément au décret de 1856, et désigne le plus intéressant des candidats. Il est donc bien entendu que l'assemblée générale doit être consultée, à peine de nullité, qu'il y ait un ou plusieurs sociétaires ayant des titres à la pension; et vous devrez veiller à ce que la quotité de la pension soit mentionnée dans la délibération, quand bien même le chiffre en serait déterminé par les statuts.

Certaines sociétés ont concédé des pensions sans se préoccuper de la limitation, soit au minimum de 30 francs, soit au décuple de la cotisation annuelle imposée par l'article 8 du décret réglementaire.

Les premières n'ont pu être accordées et les secondes ont dû être réduites d'office. Comme ces réductions ont donné lieu à des plaintes, il conviendra qu'à l'avenir vous invitiez, le cas échéant, le président à faire modifier la délibération.

Les sociétés déterminent presque toujours la date de l'entrée en jouissance de la pension, qui souvent est la date même du jour où est prise la délibération. Cette indication sans valeur résulte de l'oubli des dispositions du décret en date du 27 juillet 1861, portant *règlement d'administration publique sur la Caisse des retraites pour la vieillesse* (art 27), ainsi conçu : « Pour l'application des tarifs, les trimestres « commencent les 1er janvier, 1er avril, 1er juillet et 1er octobre, etc. « La rente viagère commence à courir du premier jour du tri- « mestre. . . etc., etc. » Il suffit de lire ces textes pour comprendre que je ne puis tenir aucun compte des réclamations qui peuvent se produire. La loi a formellement indiqué les dates d'entrée en jouissance; vous devrez les porter à la connaissance des présidents, afin que toute incertitude cesse à cet égard : ils comprendront dès lors que les propositions de pensions doivent parvenir au ministère de l'intérieur un mois avant le trimestre avec lequel commence la jouissance de la pension, et ils hâteront leurs envois. Quant aux titres de rente qui sont transmis aux présidents par vos soins, je les reçois du Trésor public et je vous les adresse dans les derniers jours du trimestre où commence la jouissance, de manière que les titulaires en soient porteurs lors de la première échéance [1].

Afin de régulariser l'instruction de chaque liquidation et d'éviter les renvois des pièces, vous veillerez à ce que je reçoive exactement :

1° Copie ou extrait de la délibération de l'assemblée générale certifiée conforme par le président. Cette pièce mentionne les nom et prénoms du candidat, indique la quotité de la pension, le nombre des années de cotisation payées par lui (avec le chiffre de la cotisation annuelle), et constate qu'il se trouve dans les conditions prévues par les statuts de la société; s'il s'agit d'une femme mariée, la délibération devra porter, à la suite de ses nom et prénoms, ceux de son mari. Dans le cas où le procès-verbal ne contiendrait pas ces derniers renseignements, il y aurait lieu d'y faire suppléer par un certificat du président.

2° L'acte de naissance du candidat ou, à défaut, un autre acte de l'état civil, ou, à défaut encore, une pièce officielle et authentique, telle que certificat de libération du service militaire, etc.

Vous ne négligerez pas de rappeler aux présidents qu'aux termes de l'article 11 du décret du 26 mars 1852 tous les actes intéressant les sociétés de secours mutuels approuvées sont exempts des droits de timbre et d'enregistrement.

L'Administration n'est souvent informée du décès des pensionnaires que très-tardivement. Le capital affecté au service de la pension restant improductif pendant le temps qui s'écoule entre la date du décès et celle de l'arrivée de l'acte mortuaire à la Caisse des dépôts et consignations, les sociétés sont intéressées à transmettre cet acte le plus rapidement possible.

Telles sont, Monsieur le Préfet, les observations auxquelles m'a paru donner lieu le service des pensions. Je vous prie de veiller à ce que ces prescriptions soient ponctuellement exécutées et à ce que tout ce qui concerne ces intéressantes associations soit dans vos bureaux l'objet d'une sérieuse et bienveillante attention.

[1] Voir loi du 12 août 1876, art. 13, p. 16.

PENSIONS DE RETRAITE. MODELE DE DÉLIBÉRATION.

Circulaire du Ministre de l'intérieur du 6 décembre 1877.

MONSIEUR LE PRÉFET, malgré les instructions générales qui ont été données par mes prédécesseurs, notamment dans la circulaire du 21 février 1873, les dossiers des pensions de retraite concédées par les sociétés de secours mutuels parviennent très-souvent incomplets au Ministère de l'intérieur.

Les présidents de certaines sociétés ne paraissent pas toujours se rendre compte des garanties que l'Administration a le devoir d'exiger, en exécution des statuts et du décret réglementaire du 26 avril 1856, avant de disposer des fonds des sociétés et de procéder à l'inscription d'un nouveau rentier sur le grand-livre de la Dette publique et à la délivrance d'un titre de rente sur l'État.

Il importe donc de simplifier autant que possible l'accomplissement des formalités à remplir. C'est dans ce but que j'ai fait établir le modèle ci-annexé de délibération où seront consignés, sous la responsabilité du président et du secrétaire, tous les renseignements qui sont indispensables pour que je puisse autoriser la liquidation d'une pension.

Vous trouverez ci-joint un nombre de ces imprimés proportionné à celui des sociétés de secours mutuels approuvées de votre département en possession d'un fonds de retraite. Vous voudrez bien les transmettre aux présidents en les invitant à se conformer à ce modèle.

J'espère que l'adoption de cette formule fera cesser les retards auxquels donnent lieu les suppléments d'instructions et réduira le surcroît de correspondance qui en résulte actuellement.

DÉPARTEMENT
d

COMMUNE
d

CONCESSION
de
(1) PENSIONS DE RETRAITE.

SOCIÉTÉ DE SECOURS MUTUELS.

EXTRAIT DU REGISTRE DES DÉLIBÉRATIONS.

Assemblée générale du

L'an mil huit cent et le du mois d , les membres de la Société de secours mutuels d se sont réunis en assemblée générale sous la présidence de M. , président.

Sur la proposition du bureau,

Considérant que M [2] a toujours payé régulièrement la cotisation montant à par an; qu' rempli toutes les conditions prescrites par les statuts, qui fixent à ans d'âge et à ans de sociétariat l'admissibilité à une pension de retraite,

L'Assemblée générale accorde à ce sociétaire une pension fixée ainsi qu'il suit :

NOM DU CANDIDAT.	PRÉNOMS.	DATE de LA NAISSANCE.	DATE D'ADMISSION dans la société.	MONTANT de LA PENSION. (3)

L'acte de naissance est ci-joint.

(Date.)

Timbre de la Société. *Le Secrétaire,* *Le Président,*

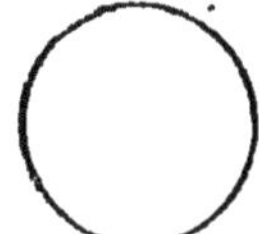

(1) Indiquer le nombre des pensions concédées.
(2) Si la personne présentée est du sexe féminin, indiquer si elle est mariée ou veuve; ses nom et prénoms devront précéder le nom de son mari avec la mention : *Femme de* ou *Veuve de*.
(3) Écrire la somme en toutes lettres.

PAYEMENT DES ARRÉRAGES

des pensions de retraite.

Circulaire du Ministre de l'intérieur du 27 octobre 1876.

MONSIEUR LE PRÉFET, l'article 13 de la loi du 12 août 1876, qui réglemente le mode de payement des arrérages des pensions servies par la Caisse des retraites pour la vieillesse, ayant donné lieu à des difficultés d'interprétation, j'ai cru devoir appeler l'attention de M. le Conseiller d'État, Directeur général de la Caisse des dépôts et consignations, et lui signaler les demandes de liquidation de pensions de retraite, *avec jouissance du 1er décembre prochain,* qui m'avaient été adressées par plusieurs présidents de sociétés de secours mutuels approuvées.

Je vous transmets la réponse qui m'a été faite le 18 octobre dernier et qui ne laisse aucun doute sur l'application de la loi du 12 août :

« Les dispositions nouvelles de l'article précité n'ont apporté aucun « changement dans la liquidation définitive des rentes viagères de la « Caisse des retraites pour la vieillesse, telle qu'elle a été réglée par « les lois et décrets régissant cette Caisse. Ces dispositions, en effet, « nécessitées par des raisons d'ordre public, ont eu seulement pour « objet de changer les époques de payement des rentes viagères, dont « le point de départ reste toujours fixé, pour l'application des tarifs, « aux dates des 1er janvier, 1er avril, 1er juillet et 1er octobre. Voici, du « reste, en quels termes M. le Conseiller d'État, Directeur général de « la comptabilité publique, expose, dans sa circulaire du 16 août der- « nier, les raisons qui ont motivé cette mesure, laquelle, ainsi qu'il le « dit lui-même, n'entraîne aucune modification dans les titres de rente « viagère ou de pension :

« Les pensions civiles et militaires, ainsi que les rentes viagères « pour la vieillesse, échéant les 1er janvier, 1er avril, 1er juillet et 1er oc- « tobre, c'est-à-dire le même jour que la rente 3 p. o/o, il en résulte « dans les caisses du Trésor, tant à Paris que dans les départements,

« une affluence de public telle qu'il est matériellement impossible de « payer tous les pensionnaires dans les premiers jours de chaque tri- « mestre. Cet état de choses amenant constamment des réclamations de « la part des pensionnaires, il a paru qu'un moyen d'accélérer les « payements, et de prévenir des plaintes dont on ne peut méconnaître « le bien fondé, consisterait à avancer d'un mois l'époque d'échéance « des arrérages trimestriels, qui serait ainsi fixée aux 1er décembre, « 1er mars, 1er juin et 1er septembre de chaque année. »

PAYEMENT AUX HÉRITIERS

des arrérages échus avant le décès du titulaire d'une pension de retraite.

Circulaire du Ministre de l'intérieur du 2 mars 1878.

Monsieur le Préfet, par une circulaire en date du 19 novembre 1874, l'un de mes prédécesseurs vous faisait connaître les formalités exigées par l'Administration des finances pour le payement aux héritiers d'un pensionnaire décédé des arrérages échus au jour du décès du titulaire.

D'après ces instructions, les héritiers devaient transmettre directement aux comptables à la caisse desquels les rentes viagères étaient payées le titre de rente du sociétaire décédé, son acte de décès et un certificat de propriété.

M. le Ministre des finances vient de m'adresser des renseignements plus complets, que je vous prie de porter le plus tôt possible à la connaissance des présidents des sociétés de secours mutuels de votre département.

Les pièces à produire sont :

1° *Le certificat d'inscription ;* s'il est adiré, une déclaration de perte faite devant le maire en présence de deux témoins.

2° *L'acte de décès du titulaire de la pension.* Cet acte peut être expédié sur papier libre.

Quand il n'est pas délivré à Paris, la signature du maire ou de l'officier qui le remplace doit être légalisée : en France et dans les possessions françaises, par le président du tribunal civil ou par le juge de paix, selon le cas, d'après la loi du 2 mai 1861 ; à l'étranger, par l'autorité locale : la signature de cette autorité sera légalisée par un agent diplomatique ou consulaire français.

On est dispensé de produire cet acte de décès au Trésor lorsque le notaire donne spécialement, en tête du certificat de propriété, une copie (ou extrait) dudit acte, dont il déclare avoir une expédition dans ses archives. (Circulaire de la Direction générale de la comptabilité publique du 1er mai 1876, § 6.)

3° *Un certificat de propriété.* Les sommes de 50 francs et au-dessous pourront être payées sur la production d'un certificat du maire énonçant que les parties y dénommées ont seules droit de toucher la somme due, en qualité d'héritiers. La signature du maire, dans les départements autres que celui de la Seine, devra être légalisée. Tout certificat de propriété ayant pour but le payement de sommes dues par l'État, à titre de pension, de rénumération ou de secours, est exempt de la formalité de l'enregistrement. (Règlement pour servir à l'exécution du décret du 31 mai 1862 sur la Comptabilité publique, du 26 décembre 1866.) Aux termes des instructions de la Direction générale de l'enregistrement et des domaines, du 15 janvier 1868, le certificat du maire doit toujours être timbré.

Si la somme est supérieure à 50 francs, il y a lieu de produire un certificat de propriété délivré en exécution de l'article 6 de la loi du 28 floréal an VII, soit par le notaire détenteur de la minute de l'inventaire ou de tout acte translatif de propriété, soit par le juge de paix du domicile du défunt, à défaut d'inventaire, partage, etc. Il pourra encore être délivré par le juge de paix, lorsqu'il ne fera que viser un contrat de mariage d'après lequel la veuve serait qualifiée de commune en biens.

Voici le modèle de ce certificat :

Je soussigné (*nom et prénoms*), juge de paix de...... département de.... ...... certifié, en exécution de la loi du 28 floréal an VII, sur l'attestation des sieurs (*noms, prénoms, domiciles et qualités des témoins*), qu'après le décès de (*mettre ici les nom, prénoms, domicile et qualités du rentier viager décédé*), arrivé le .... à (*où il demeurait, rue ..... n° .....*), dans l'étendue de mon arrondissement, il n'a point été fait d'inventaire, et qu'il n'a laissé pour seuls et uniques héritiers que (*noms, prénoms, domiciles et qualités des héritiers, et la proportion dans laquelle chacun d'eux est héritier*);

Et qu'en cesdites qualités, ils ont seuls le droit de toucher et recevoir la totalité des arrérages qui peuvent être dus et échus jusqu'au jour du décès dudit....... de la rente viagère dont il jouissait sur les revenus de l'Etat, suivant le ou les extraits d'inscription au grand-livre des rentes viagères numérotées....... de francs.......

En foi de quoi, j'ai délivré le présent à la réquisition des héritiers (*ou de l'un d'eux se portant fort pour les autres*).

Fait à ...., ce......

Et ont lesdits témoins (*et déclarants*) signé avec moi, après lecture.

Ce certificat est exempt de timbre et d'enregistrement. (Loi du 18 juin 1850; décision ministérielle du 31 janvier 1855.) La signature des notaires et des juges de paix autres que ceux du département de la Seine sera dûment légalisée.

Toute pièce rédigée en langue étrangère doit être traduite par un traducteur juré, dont la signature sera légalisée par le président du tribunal près lequel il est assermenté.

Vous ne manquerez pas, Monsieur le Préfet, de faire ressortir l'intérêt que présente pour les membres des sociétés de secours mutuels la possibilité qui est donnée aux héritiers des pensionnaires de toucher les arrérages échus à leur décès à l'aide de justifications peu coûteuses et toujours faciles à fournir. Sauf de rares exceptions, les sommes à payer seront inférieures à 50 francs; les ayants droit n'auront à se procurer, outre le titre de rente et l'acte de décès, qu'un certificat du maire. Ils pourront donc toujours encaisser la somme, quelque faible qu'elle soit.

Je vous prie de m'accuser réception de la présente circulaire, qui sera insérée dans la 10e édition des Statuts-modèles, dans le Bulletin des Sociétés de secours mutuels et dans le Recueil des actes administratifs de votre département.

Réintégration aux caisses des retraites des fonds affectés à des rentes viagères après le décès des titulaires. — Renvoi des titres de rente aux héritiers.

Circulaire du Ministre de l'intérieur du 22 septembre 1877.

MONSIEUR LE PRÉFET, aux termes de l'article 4, paragraphe 3, du décret réglementaire du 26 avril 1856 (Statuts-modèles, p. 14) sur les caisses de retraite des sociétés de secours mutuels approuvées, vous devez me transmettre sur papier libre (article 11 de la loi du 18 juin 1850 et article 28 du décret du 27 juillet 1861, Statuts-modèles, p. 18 et 20) l'extrait de l'acte de décès des pensionnaires, afin que je puisse faire procéder par la Caisse des dépôts et consignations à la réintégration à la caisse des retraites des fonds affectés au service des rentes éteintes.

Plusieurs de vos collègues ont cru devoir joindre à l'envoi de l'extrait de l'acte mortuaire les titres de rente; outre que cette pièce n'est d'aucune utilité pour l'exécution de l'article 4 du décret précité, elle est indispensable aux héritiers du titulaire, qui ont la faculté de réclamer le payement des arrérages échus avant le décès, après avoir produit le titre, l'extrait de l'acte de décès et le certificat de propriété, conformément aux indications contenues dans la circulaire du 19 novembre 1874 [1] (Statuts-modèles, p. 26). C'est donc aux parties intéressées, et non à mon département, que vous devez renvoyer les titres de rente, s'ils vous sont transmis par les présidents.

DÉCRET IMPÉRIAL

concernant les rentes viagères dont les arrérages n'auront pas été réclamés pendant trois années.

Du 8 ventôse an XIII (27 février 1805).

ART. 1er. Les rentes viagères dont les arrérages n'auront point été réclamés pendant trois années consécutives, à compter de l'échéance du dernier semestre payé, seront

[1] Voir circulaire du 2 mars 1878.

présumées éteintes et ne seront plus comprises dans les états de payement.

Art. 2. Ces rentes pourront néanmoins être rétablies sur les états de payement, lorsque les ayants droit auront justifié au Trésor de leur existence par un certificat de vie en bonne forme. Dans ce cas, les arrérages échus seront acquittés au Trésor, à Paris, sauf les dispositions de l'article 156 de la loi du 24 août 1793, d'après lesquelles les arrérages de rentes ne peuvent être réclamés pour plus de cinq années.

DÉCRET IMPÉRIAL

concernant le mode de remplacement, en cas de perte, des extraits d'inscription au grand-livre.

Du 3 messidor an XII (22 juin 1804).

Art. 1er. A l'avenir il ne sera plus délivré de duplicata des extraits d'inscription aux grands-livres des cinq pour cent consolidés et de la dette viagère.

Art. 2. Les rentiers qui auraient perdu leurs extraits d'inscription en feront la déclaration devant le maire de la commune de leur domicile. Cette déclaration, faite en présence de deux témoins qui constateront l'individualité du déclarant, sera assujettie au droit fixe d'enregistrement d'un franc.

Art. 3. Ladite déclaration sera rapportée au Trésor public. Après en avoir fait constater la régularité, le Ministre du Trésor public autorisera le directeur au grand-livre à débiter le compte de l'inscription perdue et à la porter à compte nouveau par un transfert de forme; il sera remis au réclamant un extrait original de l'inscription de ce nouveau compte.

Art. 4. Le transfert de forme autorisé par l'article précédent aura lieu dans le semestre qui suivra celui pendant lequel la demande d'un nouvel extrait d'inscription aura été adressée au Ministre du Trésor public.

MODÈLE DE DÉCLARATION

POUR OBTENIR DU MINISTÈRE DES FINANCES LE DUPLICATA D'UN TITRE DE RENTE PERDU.

Aujourd'hui, le 187 , a comparu devant nous, maire de la commune d , département d le sieur , demeurant à , lequel nous a déclaré avoir perdu l'extrait d'une inscription n° , dont il est propriétaire, et nous a dit qu'il désirait en obtenir le remplacement en la forme prescrite par le décret du 3 messidor an VII, s'obligeant à rapporter l'extrait adiré, s'il se retrouve; ladite déclaration faite en présence d

demeurant à , et du sieur , demeurant à , lesquels nous ont attesté l'individualité du déclarant, et ont, ainsi que lui, signé avec nous, les jours, mois et an que dessus.

(*Suivent les signatures.*)

La signature du maire (à l'exception de ceux de Paris) doit être légalisée par le Préfet ou le sous-préfet.

ASSURANCES COLLECTIVES EN CAS DE DÉCÈS.

LOI

portant création de deux caisses d'assurance, l'une en cas de décès et l'autre en cas d'accidents résultant de travaux agricoles et industriels.

Du 11 juillet 1868.

Art. 1er. Il est créé, sous la garantie de l'État :

1° Une caisse d'assurance ayant pour objet de payer, au décès de chaque assuré, à ses héritiers ou ayants droit, une somme déterminée suivant les bases fixées à l'article 2 ci-après ;

2° Une caisse d'assurance en cas d'accidents, ayant pour objet de servir des pensions viagères aux personnes assurées qui, dans l'exécution de travaux agricoles ou industriels, seront atteintes de blessures entraînant une incapacité permanente de travail, et de donner des secours aux veuves et aux enfants mineurs des personnes assurées qui auront péri par suite d'accidents survenus dans l'exécution desdits travaux.

TITRE PREMIER.

DE LA CAISSE D'ASSURANCE EN CAS DE DÉCÈS.

Art. 2. La participation à l'assurance est acquise par le versement de primes uniques ou de primes annuelles.

La somme à payer au décès de l'assuré est fixée conformément à des tarifs tenant compte :

1° De l'intérêt composé à quatre pour cent par an des versements effectués;

2° Des chances de mortalité, à raison de l'âge des déposants, calculées d'après la table dite *de Deparcieux.*

Art. 3. Toute assurance faite moins de deux ans avant le décès de l'assuré demeure sans effet. Dans ce cas, les versements effectués sont restitués aux ayants droit, avec les intérêts simples à quatre pour cent.

Il en est de même lorsque le décès de l'assuré, quelle qu'en soit l'époque, résulte de causes exceptionnelles qui seront définies dans les polices d'assurance.

Les primes établies d'après les tarifs susénoncés seront augmentées de six pour cent.

Les sommes assurées sur une tête ne peuvent excéder trois mille francs.

Elles sont insaisissables et incessibles jusqu'à concurrence de la moitié, sans toutefois que la partie incessible et insaisissable puisse descendre au-dessous de six cents francs.

Art. 5. Nul ne peut s'assurer s'il n'est âgé de seize ans au moins et de soixante ans au plus.

Art. 7. *Les sociétés de secours mutuels approuvées conformément au décret du 26 mars 1852 sont admises à contracter des assurances collectives sur une liste indiquant le nom et l'âge de tous les membres qui les composent, pour assurer au décès de chacun d'eux une somme fixe qui, dans aucun cas, ne pourra excéder mille francs.*

Ces assurances seront faites pour une année seulement, et d'après des tarifs spéciaux déduits des règles générales arrêtées à l'article 2.

Elles pourront se cumuler avec les assurances individuelles [1].

[1] Voir article 17 du décret du 10 août 1868.

TITRE II.

DE LA CAISSE D'ASSURANCE EN CAS D'ACCIDENTS.

Art. 8. Les assurances en cas d'accidents ont lieu par année. L'assuré verse à son choix, et pour chaque année, huit francs, cinq francs ou trois francs.

Art. 9. Les ressources de la caisse en cas d'accidents se composent : 1° du montant des cotisations versées par les assurés, comme il est dit ci-dessus; 2° d'une subvention de l'État à inscrire annuellement au budget et qui, pour la première année, est fixée à un million; 3° des dons et legs faits à la caisse.

Art. 10. Pour le règlement des pensions viagères à concéder, les accidents sont distingués en deux classes :

1° Accidents ayant occasionné une incapacité absolue de travail;

2° Accidents ayant entraîné une incapacité permanente du travail de la profession.

La pension accordée pour les accidents de la seconde classe n'est que la moitié de la pension afférente aux accidents de la première.

Art. 11. La pension viagère due aux assurés, suivant la distinction de l'article précédent, est servie par la Caisse des retraites, moyennant la remise qui lui est faite, par la caisse des assurances en cas d'accidents, du capital nécessaire à la constitution de ladite pension d'après les tarifs de la Caisse des retraites.

Ce capital se compose, pour la pension en cas d'accidents de la première classe :

1° D'une somme égale à trois cent vingt fois le montant de la cotisation versée par l'assuré;

2° D'une seconde somme égale à la précédente et qui est prélevée sur les ressources indiquées aux paragraphes 2 et 3 de l'article 9.

Le montant de la pension correspondant aux cotisations de cinq francs et de trois francs ne peut être inférieur à deux cents francs pour la première et à cent cinquante francs pour la seconde. La seconde partie du capital ci-dessus est élevée de manière à atteindre ces minima, lorsqu'il y a lieu.

Art. 12. Les secours à allouer, en cas de mort par suite d'accident, à la veuve de l'assuré, et, s'il est célibataire ou veuf sans enfants, à son père ou à sa mère sexagénaire, est égal à deux années de la pension à laquelle il aurait eu droit aux termes de l'article précédent.

L'enfant ou les enfants mineurs reçoivent un secours égal à celui qui est attribué à la veuve.

Les secours se payeront en deux annuités.

Art. 13. Les rentes viagères constituées en vertu de l'article 9 ci-dessus sont incessibles et insaisissables.

Art. 14. Nul ne peut s'assurer s'il n'est âgé de douze ans au moins.

Art. 15. Les administrations publiques, les établissements industriels, les compagnies de chemins de fer, *les sociétés de secours mutuels autorisées, peuvent assurer collectivement leurs ouvriers ou leurs membres par listes nominatives, comme il a été dit à l'article 7.*

DISPOSITIONS GÉNÉRALES.

Art. 16. Les tarifs des deux caisses seront revisés tous les cinq ans, à partir de 1870. Ils seront, s'il y a lieu, modifiés par une loi.

Art. 17. Les caisses d'assurance créées par la présente loi sont gérées par la Caisse des dépôts et consignations.

Toutes les recettes disponibles provenant soit des versements des assurés, soit des intérêts perçus par les caisses, sont successivement, et dans les huit jours au plus tard, employées en achat de rentes sur l'État. Ces rentes sont inscrites au nom de chacune des caisses qu'elles concernent.

Une Commission supérieure, instituée sur les bases de la loi du 12 juin 1861, est chargée de l'examen des questions relatives aux deux caisses.

Art. 18. A dater de la promulgation de la présente loi, le Gouvernement fera préparer de nouvelles tables de mortalité, d'après les données de l'expérience.

Il fera également dresser une statistique annuelle indiquant le nombre, la nature, les causes des accidents qui se produisent dans les différentes professions.

Art. 19. Un règlement d'administration publique déterminera, d'après les bases posées dans la présente loi, les conditions spéciales des polices et la forme des assurances : il désignera les agents de l'État par l'intermédiaire desquels les assurances pourront être contractées.

Les certificats, actes de notoriété et autres pièces exclusivement relatives à l'exécution de la présente loi seront délivrés gratuitement et dispensés des droits de timbre et d'enregistrement.

DÉCRET

du 13 août 1877,

qui modifie celui du 10 août 1868 portant règlement d'administration publique pour l'exécution de la loi du 11 juillet 1868, qui crée deux caisses d'assurance, l'une en cas de décès et l'autre en cas d'accidents résultant de travaux agricoles et industriels.

TITRE PREMIER.

DE LA CAISSE D'ASSURANCE EN CAS DE DÉCÈS.

ART. Ier. Toute personne qui veut contracter une assurance fait une proposition à l'Administration de la Caisse des dépôts et consignations.

Cette proposition contient les nom et prénoms de l'assuré, sa profession, son domicile, le lieu et la date de sa naissance, la somme qu'il veut assurer, ainsi que les conditions spéciales de son assurance. Elle est signée par l'assuré ou par son mandataire spécial. Cette signature est légalisée par le maire de la résidence du signataire.

ART. 2. Les propositions d'assurance sont reçues, à Paris, à la Caisse des dépôts et consignations, et dans les départements par les trésoriers payeurs généraux et par les receveurs particuliers des finances.

Elles sont également reçues par les percepteurs des contributions directes et les receveurs des postes.

Elles sont toujours accompagnées d'un versement qui comprend la prime entière, si l'assurance a lieu par prime unique, et la première annuité, si elle a lieu par primes annuelles.

ART. 3. Les propositions faites à Paris, à la Caisse des dépôts et consignations, lorsqu'elles sont reconnues régulières, sont immédiatement suivies de la délivrance d'un livret formant police d'assurance.

Celles qui ont lieu dans les départements sont transmises sans délai, avec le montant du versement, par le comptable qui les a reçues, à la direction générale, qui, après les vérifications nécessaires, fait remettre le livret-police à l'assuré en échange du récépissé provisoire qui lui a été donné au moment du versement.

Art. 4. Le livret-police est revêtu du timbre de la Caisse des dépôts et consignations. Il porte un numéro d'ordre et reproduit les mentions indiquées dans la proposition d'assurance.

Il contient également par extrait les lois, décrets, instructions et tarifs concernant la Caisse des assurances en cas de décès.

Art. 5. Les primes annuelles autres que la première peuvent être versées par toute personne munie du livret, dans toute localité, entre les mains des comptables indiqués à l'article 2.

Art. 6. Chaque versement est constaté sur le livret-police par un enregistrement signé du comptable entre les mains duquel il a été opéré.

Cet enregistrement ne fait titre envers l'État qu'à la charge par l'assuré de le faire viser, dans les vingt-quatre heures, à Paris, pour les versements faits à la Caisse des dépôts et consignations, par le contrôleur près de cette caisse, et dans les départements, pour les versements faits chez les trésoriers payeurs généraux ou chez les receveurs particuliers des finances, par le préfet ou le sous-préfet.

Quant aux versements faits à Paris ou dans les départements entre les mains des percepteurs et des receveurs des postes, leur enregistrement sur le livret-police est visé dans le même délai que ci-dessus par le maire du lieu où le versement a été opéré.

Art. 7. Les registres matricules et les comptes individuels des assurés sont tenus à la direction générale de la Caisse des dépôts et consignations, qui conserve les propositions d'assurance et les pièces produites à l'appui.

Art. 8. Les assurés peuvent, à toute époque, adresser leur livret-police à la direction générale pour faire vérifier l'exactitude des mentions qui y sont inscrites et leur conformité avec celles qui sont portées aux comptes individuels.

Art. 9. Les propositions d'assurance et les premiers versements, lorsqu'ils sont faits par un même mandataire pour plusieurs assurés, sont accompagnés d'un bordereau en double expédition, indiquant la prime afférente à chaque assuré.

Les versements subséquents doivent toujours figurer dans un bordereau distinct.

Le comptable délivre, dans la même forme que pour les versements individuels, un reçu provisoire collectif des versements effectués par le mandataire spécial.

Ce reçu doit être rendu au comptable en échange soit des livrets nouveaux transmis par la direction générale, soit des livrets anciens qui lui ont été remis lors du versement des primes ultérieures, et sur lesquels il doit enregistrer la somme versée applicable à chaque titulaire. Cet enregistrement est soumis, dans les vingt-quatre heures, au visa prescrit à l'article 6.

Art. 10. Les Préfets et sous-préfets relèvent, sur un registre spécial, les sommes enregistrées au bordereau et sur chacun des livrets-polices et adressent, dans le mois, un extrait dudit registre à la Caisse des dépôts et consignations pour servir d'élément de contrôle.

Les maires transmettent également à la Caisse des dépôts et consignations avis des visa par eux donnés, dans les délais et suivant les formes déterminés par le Ministre des finances.

Art. 11. Les primes annuelles sont acquittées, chaque année, à l'échéance indiquée par la date du premier versement.

A défaut de payement dans les trente jours, il est dû des intérêts à quatre pour cent, à partir de l'échéance jusqu'à l'expiration du délai d'un an, fixé à l'article 7 de la loi du 11 juillet 1868.

Art. 12. A toute époque l'assuré peut anticiper la libération de sa police.

Sa proposition, à cet effet, est remise à l'un des comptables désignés dans l'article 2 ; elle est adressée par ce comptable à la Caisse des dépôts et consignations avec le livret, sur lequel cette caisse mentionne la modification du contrat.

Art. 13. Dans l'application des tarifs, la prime est fixée d'après l'âge de l'assuré au moment où il contracte l'assurance, sans tenir compte du temps qui le sépare du prochain anniversaire de sa naissance.

Art. 14. Les sommes dues par la Caisse des assurances au décès de l'assuré sont payables aux héritiers ou ayants droit, à Paris, à la caisse générale, et, dans les départements, à la caisse de ses préposés. Le payement a lieu sur une autorisation donnée par le directeur général de la Caisse des dépôts et consignations, auquel les demandes doivent être adressées, soit directement, soit par l'intermédiaire des préposés ou agents désignés à l'article 2.

Ces demandes doivent être accompagnées du livret-police et de l'acte de décès de l'assuré, ainsi que d'un certificat de propriété délivré dans les formes et suivant les règles prescrites par la loi du 28 floréal an VII, constatant les droits des réclamants.

Si la personne assurée a disparu en mer et qu'il ne soit pas possible de rapporter d'extrait mortuaire rédigé dans les termes du droit commun, il pourra y être suppléé par la production d'un certificat délivré par le Ministère de la marine et constatant que le Ministre a admis la preuve administrative du décès.

Art. 15. Les oppositions au payement des sommes assurées, ou les cessions desdites sommes dans les limites déterminées par l'article 4 de la loi du 11 juillet 1868, doivent être signifiées au directeur général de la Caisse des dépôts et consignations.

Art. 16. Dans le cas où le décès résulte de suicide, de duel ou de condamnation judiciaire, l'assurance demeure sans effet, conformément à l'article 3 de la loi du 11 juillet 1868.

Art. 17. *Les propositions d'assurances collectives pour une année, au profit des sociétés de secours mutuels approuvées, sont faites par les présidents de ces sociétés et déposées avec les versements correspondants chez les comptables désignés à l'article 2.*

Ces propositions sont accompagnées de listes nominatives comprenant les personnes assurées et indiquant la date de naissance de chacune d'elles.

Les assurances collectives ont leur effet à partir du premier jour du mois qui suit la date du versement de la prime.

Art. 18. Le payement des sommes dues aux sociétés de secours mutuels, après décès d'un de leurs membres, se fait entre les mains du trésorier desdites sociétés, dûment autorisé.

Ce payement a lieu sur une autorisation donnée par le directeur général de la Caisse des dépôts et consignations, auquel la demande doit être adressée avec l'acte de décès du sociétaire.

Art. 19. En cas de perte du livret-police, il est pourvu à son remplacement dans les formes prescrites pour les titres de rente sur l'État, sur la production d'une déclaration faite devant le maire de la commune où l'assuré a sa résidence [1].

TITRE II.

DE LA CAISSE D'ASSURANCE EN CAS D'ACCIDENTS.

Art. 20. Toute personne qui veut contracter une assurance en cas d'accidents, sur sa tête ou sur celle d'un tiers, fait une proposition à l'Administration de la Caisse des dépôts et consignations. Cette proposition contient les nom et prénoms de l'assuré, sa profession, son domicile, le lieu et la date de sa naissance et le taux de cotisation adopté. Elle est signée par l'assuré ou par la personne qui contracte au profit de celui-ci; dans ce dernier cas, elle doit contenir les nom, profession et domicile du souscripteur.

Art. 21. Les articles 2, 3, 4, 7 et 9 sont applicables aux assurances en cas d'accidents.

Art. 22. Les propositions d'assurances collectives par les administrations publiques, les établissements industriels, les compagnies de chemins de fer, les sociétés de secours mutuels autorisées, sont faites par les chefs, directeurs ou présidents desdites administrations, établissements, compagnies ou sociétés, et déposés chez les comptables désignés à l'article 2.

Ces propositions sont accompagnées de listes nominatives comprenant les personnes assurées et indiquant la date de la naissance de chacune d'elles.

Les assurances collectives peuvent être conclues sans clause de substitution ou avec clause de substitution.

Dans le premier cas, la liste produite ne peut être modifiée, et il est délivré à chaque assuré un livret individuel.

Dans le second cas, au contraire, il n'est pas délivré de livret individuel, et le souscripteur de l'assurance, après avoir payé la prime calculée sur le nombre moyen d'ouvriers qu'il compte occuper pendant l'année, peut, pendant toute sa durée, faire mentionner sur la liste qu'il a produite les changements survenus dans le personnel

(1) Voir modèle de déclaration de perte de livret, page 46.

assuré. A la fin de l'année, le montant définitif de la prime est arrêté d'après le nombre moyen des ouvriers occupés chaque jour, et donne lieu, soit à un versement complémentaire, soit à un remboursement, ledit versement ou remboursement augmenté des intérêts à quatre pour cent.

Les assurances collectives en cas d'accidents ont leur effet à partir du jour où elles sont contractées, à moins que le souscripteur n'ait désigné, dans la proposition d'assurance, une époque ultérieure.

Art. 23. Un comité institué au chef-lieu de chaque arrondissement donne son avis sur les demandes de pensions viagères ou de secours présentées par les assurés domiciliés dans l'arrondissement ou par leurs ayants droit.

Art. 24. Ce comité est composé, sous la présidence du Préfet ou du sous-préfet ou de leur délégué, de quatre membres désignés par le Préfet, savoir : l'ingénieur des ponts et chaussées ou des mines chargé du service de l'arrondissement, ou, à son défaut, un agent désigné par lui, un médecin et deux membres de sociétés de secours mutuels, s'il en existe dans l'arrondissement.

A défaut de sociétés de secours mutuels, le Préfet nomme deux membres pris parmi les chefs d'industrie, les contre-maîtres ou les ouvriers des professions les plus répandues dans l'arrondissement.

A Paris et à Lyon, il est institué un comité par arrondissement municipal. Le maire en est président; les autres membres sont désignés par le Préfet, qui, à défaut d'ingénieur, choisit parmi les architectes voyers.

I.

FORMALITÉS À REMPLIR

POUR CONTRACTER UNE ASSURANCE COLLECTIVE EN CAS DE DÉCÈS.

Le président d'une société de secours mutuels qui veut contracter une assurance collective souscrit une proposition d'assurance conforme au modèle ci-après.

Cette proposition indique le nom de la société et celui du président qui la représente, le montant de la prime collective versée, la somme à recevoir au décès de chacun des membres de la société et l'année pour laquelle l'assurance est contractée.

A cette proposition est jointe une liste nominative, conforme au modèle ci-après, de *tous* les membres qui composent la société ; cette liste mentionne les noms et prénoms des sociétaires, la date de leur naissance et la prime correspondant à l'âge de chacun d'eux, conformément au tarif ci-après.

Pour éviter les retards qu'entraînerait le renvoi de ces pièces en cas d'erreur dans les chiffres, les présidents pourront ne porter qu'au crayon ou même laisser en blanc : 1° sur la proposition, le montant de la prime collective ; 2° sur la liste nominative, la prime correspondant à l'âge de chacun des sociétaires, la Caisse des dépôts et consignations se chargeant de remplir ces indications.

La proposition d'assurance et la liste nominative, dûment revêtues de la signature du président, qui appose en outre le timbre de la société, sont adressées directement par lui à la Caisse des dépôts et consignations pour y être examinées et complétées, s'il est nécessaire. Ces deux pièces sont ensuite soumises par la Caisse des dépôts à l'approbation du Ministre de l'intérieur et renvoyées au président de la société.

Le président effectue alors le versement du montant de la prime collective et produit à l'appui la proposition d'assurance et la liste nominative qui l'accompagne. Les versements sont reçus à Paris et dans les départements par les trésoriers généraux, les receveurs particuliers des finances, les percepteurs des contributions directes et les receveurs des postes.

Le payement des sommes dues à une société par suite du décès d'un de ses membres est effectué entre les mains du trésorier de cette société dûment autorisé.

Ce payement a lieu, à Paris, à la Caisse des dépôts et consignations, ou, dans les départements, par l'entremise de ses préposés, sur une autorisation du directeur général, auquel la demande doit être adressée par le président de la société, avec l'acte de décès du sociétaire.

ASSURANCES COLLECTIVES EN CAS DE DÉCÈS

PENDANT LE DÉLAI D'UN AN.

ÂGE.	PRIME pour ASSURER 100 francs.	ÂGE.	PRIME pour ASSURER 100 francs.	ÂGE.	PRIME pour ASSURER 100 francs.	ÂGE.	PRIME pour ASSURER 100 francs.
		26 à 27 ans.	1^{f} 07006	51 à 52 ans.	1^{f} 98259	76 à 77 ans.	10^{f} 6112
		27 à 28	1 08141	52 à 53	2 02192	77 à 78	11 5326
3 à 4 ans.	2^{f} 69036	28 à 29	1 09301	53 à 54	2 15661	78 à 79	12 6525
4 à 5	2 12561	29 à 30	1 10486	54 à 55	2 29902	79 à 80	14 0445
5 à 6	1 79098	30 à 31	1 11697	55 à 56	2 35207	80 à 81	15 3583
6 à 7	1 54680	31 à 32	1 12934	56 à 57	2 50705	81 à 82	16 4302
7 à 8	1 40235	32 à 33	1 14200	57 à 58	2 67407	82 à 83	16 9872
8 à 9	1 25129	33 à 34	1 15494	58 à 59	2 74611	83 à 84	18 0325
9 à 10	1 03051	34 à 35	1 16817	59 à 60	2 82215	84 à 85	20 0036
10 à 11	0 81445	35 à 36	1 18172	60 à 61	2 90252	85 à 86	22 5179
11 à 12	0 70373	36 à 37	1 12085	61 à 62	3 10251	86 à 87	24 3398
12 à 13	0 70862	37 à 38	1 05776	62 à 63	3 31843	87 à 88	25 9804
13 à 14	0 71358	38 à 39	1 06886	63 à 64	3 43010	88 à 89	29 5041
14 à 15	0 71861	39 à 40	1 08018	64 à 65	3 67633	89 à 90	33 9744
15 à 16	0 78402	40 à 41	1 09175	65 à 66	4 07692	90 à 91	39 6368
16 à 17	0 85088	41 à 42	1 10358	66 à 67	4 52078	91 à 92	46 3287
17 à 18	0 85804	42 à 43	1 11566	67 à 68	5 01731	92 à 93	50 9615
18 à 19	0 86533	43 à 44	1 12800	68 à 69	5 57863	93 à 94	67 9487
19 à 20	0 93507	44 à 45	1 14063	69 à 70	6 06115		
20 à 21	1 00665	45 à 46	1 23593	70 à 71	6 61398		
21 à 22	1 01669	46 à 47	1 33451	71 à 72	7 25431		
22 à 23	1 02693	47 à 48	1 43673	72 à 73	7 81020		
23 à 24	1 03739	48 à 49	1 54299	73 à 74	8 45835		
24 à 25	1 04805	49 à 50	1 65375	74 à 75	8 99321		
25 à 26	1 05894	50 à 51	1 85797	75 à 76	9 61061		

DÉCLARATION DE PERTE DE LIVRET.

Aujourd'hui, le 187 ,
a comparu devant nous, Maire de la commune d ,
arrondissement d , département d

demeurant à , l quel
nous a déclaré avoir perdu le livret de la Caisse (1)

dont est titulaire, et nous a dit qu' désirait en obtenir le remplacement dans la forme prescrite, en cas de perte d'extraits d'inscription de rentes, par le décret du 3 messidor an XII, s'obligeant à rapporter le livret adiré, s'il se retrouve.

La présente déclaration faite en présence d

demeurant à
et d

demeurant à
qui nous ont attesté l'individualité d
et ont, ainsi que l déclarant signé avec nous, les jour, mois et an que dessus.

(*Suivent les signatures.*)

NOTA. La présente déclaration doit être délivrée gratuitement; elle est dispensée des droits de timbre et d'enregistrement. (Art. 11 de la loi du 18 juin 1850 et 19 de la loi du 11 juillet 1868.)

Elle doit être revêtue du cachet de la mairie et du cachet de la préfecture, de la sous-préfecture, du tribunal ou de la justice de paix.

Vu :

Vu pour la légalisation (2) de la signature de M.
maire de la commune d

A
le 187 .

Le (3)

(1) Caisse de retraites pour la vieillesse,
Caisse d'assurance en cas de décès,
ou
Caisse d'assurance en cas d'accidents.

(2) Cette légalisation n'est pas exigée pour les certificats délivrés dans le département de la Seine.

(3) Préfet.
Sous-Préfet.
Président du tribunal.
Juge de paix.

STATUTS-MODÈLES[1].

STATUTS
DE LA SOCIÉTÉ DE SECOURS MUTUELS
ÉTABLIE À... DÉPARTEMENT...

CHAPITRE PREMIER.

FORMATION ET BUT DE LA SOCIÉTÉ.

Art. 1er. Une société de secours mutuels est établie à.....

Elle a pour but :

1° De donner les soins du médecin et les médicaments aux membres participants malades;

2° De leur payer une indemnité pendant la durée de leurs maladies, suivant les conditions prescrites par les statuts;

3° De pourvoir à leurs funérailles;

4° De constituer une caisse de pensions viagères de retraite, conformément au décret du 26 avril 1856.

CHAPITRE II.

COMPOSITION DE LA SOCIÉTÉ.... CONDITIONS D'ADMISSION ET D'EXCLUSION.

Art. 2. La société se compose de membres *honoraires* et de membres *participants*.

---

(1) MODÈLE D'ARRÊTÉ

POUR L'APPROBATION DES STATUTS D'UNE SOCIÉTÉ.

Le Préfet du département d.....

Vu la demande des sieurs.....de.... qui sollicitent l'autorisation d'établir une société de secours mutuels approuvée dans ladite commune;

Les femmes peuvent faire partie de la société, aux clauses et conditions des présents statuts; mais, dans aucun cas, elles ne prennent part à l'administration ni aux délibérations [1].

Art. 3. Les membres *honoraires* sont ceux qui, par leurs souscriptions, contribuent à la prospérité de l'association sans participer à ses avantages.

Leur nombre est illimité; ils sont admis par le bureau sans conditions d'âge ni de domicile.

Art. 4. Les membres *participants* sont ceux qui ont souscrit l'engagement de se conformer aux présents statuts et participent aux avantages de l'association.

Le nombre des membres participants ne peut, à moins d'autorisation spéciale, excéder cinq cents.

Vu les articles 291 et 292 du Code pénal et la loi du 10 avril 1834;

Vu les décrets des 14 juin 1851, 26 mars 1852 et 26 avril 1856;

Vu les décrets des 18 juin 1864 et 27 octobre 1870;

Vu l'avis du Conseil municipal,

Arrête :

ARTICLE PREMIER.

Sont approuvés, tels qu'ils sont annexés au présent arrêté, les statuts de la société de secours mutuels de..... à....

Ladite société sera tenue de régler les cotisations de chaque sociétaire d'après les tables de maladie et de mortalité confectionnées ou approuvées par le Gouvernement.

ART. 2.

La société de..... jouira des avantages et priviléges concédés par les décrets des 26 mars 1852 et 26 avril 1856.

ART. 3.

Le règlement d'administration intérieure de cette société ne pourra déroger aux statuts approuvés.

Fait à....., le....

[1] Les enfants de cinq ans au moins peuvent également, moyennant un supplément de cotisation payé par leurs parents sociétaires, recevoir les soins du médecin et les médicaments. Dans aucun cas il ne leur sera payé d'indemnité en argent.

Art. 5. Les membres participants sont admis en assemblée générale, à la majorité des voix et au scrutin.

Art. 6. Le candidat doit n'avoir pas moins de seize ans ni plus de cinquante, être valide, d'une conduite régulière, et être domicilié depuis six mois dans la commune.

Toutefois, la société admet sans conditions d'âge et de temps de domicile le membre sortant d'une société *approuvée*, sur la présentation d'un certificat du président de cette association constatant que ce membre participant a acquitté un droit d'entrée et fait son stage dans la société de laquelle il sort.

Art. 7. Dans l'intervalle des assemblées générales, le bureau peut autoriser les candidats à verser leur droit d'entrée et leur cotisation, sauf restitution dans le cas où l'assemblée générale ne validerait pas l'admission.

Art. 8. Cessent de droit de faire partie de la société les membres qui n'ont pas payé leur cotisation depuis.... mois.

Cependant il peut être sursis par le bureau à l'application de cet article lorsque le membre participant prouve que le retard du payement de la cotisation est occasionné par des circonstances indépendantes de sa volonté.

Si le retardataire ne répond pas à la convocation qui lui a été adressée, il lui est fait application, sans appel, du paragraphe 1er du présent article.

Art. 9. L'exclusion est prononcée en assemblée générale, sur la proposition du bureau et sans discussion :

1° Pour condamnation infamante ;

2° Pour préjudice causé volontairement aux intérêts de la société;

3° Pour tout acte contraire à l'honneur ;

4° Pour conduite déréglée et notoirement scandaleuse.

Sauf le cas de condamnation infamante, le membre participant dont l'exclusion est proposée est invité à se présenter devant le bureau pour être entendu sur les faits qui lui sont imputés ; s'il ne se présente pas, son exclusion est prononcée en assemblée générale.

Art. 10. La démission, la radiation et l'exclusion ne donnent droit à aucun remboursement. Toutefois, les titres de rentes viagères constituées en faveur des membres participants démissionnaires, radiés ou exclus, leur restent acquis.

CHAPITRE III.

ADMINISTRATION.

Art. 11. La société est administrée par un bureau composé d'un président, d'un vice-président, d'un secrétaire, d'un trésorier et de. . . . administrateurs.

Ces fonctions sont gratuites.

Nul ne peut être élu membre du bureau s'il n'est Français et s'il ne jouit de ses droits civils.

Art. 12. Le président est élu au scrutin secret, en assemblée générale, pour cinq ans (1); nul n'est élu ni proclamé président, s'il n'a réuni la majorité absolue des suffrages.

Au second tour de scrutin, l'élection a lieu à la majorité relative : dans le cas où les candidats obtiendraient un nombre égal de suffrages, le plus âgé est proclamé président.

Le procès-verbal de l'élection est transmis immédiatement au Préfet (2).

Art. 13. Les autres membres du bureau sont élus par l'assemblée générale, et pris, de même que le président, parmi les membres participants ou honoraires.

Ils sont nommés pour trois ans et indéfiniment rééligibles.

Il est pourvu, au commencement de chaque année, au remplacement des membres du bureau démissionnaires ou décédés.

Art. 14. Le président surveille et assure l'exécution des statuts; il adresse chaque année à l'autorité compétente le compte rendu prescrit par l'article 20 du décret du 26 mars 1852.

Il est chargé de la police des assemblées; il signe tous les actes, arrêtés ou délibérations, et représente la société dans tous ses rapports avec l'autorité publique. Il donne les ordres pour les réunions du bureau et les convocations des assemblées générales.

Le vice-président seconde le président dans toutes ses fonctions, et le remplace en cas d'empêchement.

(1) Décrets des 18 juin 1864 et 27 octobre 1870.

(2) Au Ministre de l'intérieur, pour le département de la Seine.

Art. 15. Le secrétaire est chargé de la rédaction des procès-verbaux, de la correspondance, des convocations et de la conservation des archives.

Il tient le registre matricule des membres de la société et présente au bureau les demandes d'admission.

En cas de maladie d'un sociétaire, le membre participant en donne avis au médecin et aux visiteurs en fonctions. Il règle tout ce qui a rapport aux funérailles.

Le trésorier fait les recettes et les payements, et les inscrit sur un livre de caisse coté et parafé par le président. A chaque assemblée générale, il présente le compte rendu de la situation financière.

Il est responsable de la caisse contenant les fonds et les titres de la société. Il paye sur mandats visés par le président et marqués du cachet de la société. Il délivre aux sociétaires, au moment de leur admission, des cartes ou livrets sur lesquels il constate le payement des cotisations. Il opère le placement ou le déplacement des fonds, sur un ordre signé du président et du secrétaire, indiquant la somme dont le placement ou le déplacement doit être opéré.

Les reçus et reconnaissances sont déposés dans la caisse.

Art. 16. Les visiteurs, choisis par le bureau parmi les membres participants, sont chargés de visiter les malades, de leur porter l'indemnité et de s'assurer de l'exécution des obligations de la société à leur égard.

Les visiteurs qui auront négligé leurs devoirs seront passibles d'une amende de. . . . prononcée en assemblée générale.

Art. 17. Le bureau se réunit tous les mois et chaque fois qu'il est convoqué par le président.

Des visiteurs pourront être convoqués par le président dans le sein du conseil.

Est passible d'une amende d'un franc tout membre du bureau qui, sans avoir prévenu le président, aura manqué à une réunion.

Art. 18. La société se réunit en assemblée générale. . . . fois par an pour entendre les rapports sur sa situation et prononcer sur les questions qui lui sont soumises par le bureau. Le président peut, en outre, convoquer l'assemblée générale, soit d'office, soit sur la demande de vingt-cinq membres.

Toute discussion politique et religieuse est interdite dans les réunions de la société.

Art. 19. Le service médical et pharmaceutique est réglé par le bureau.

CHAPITRE IV.

FONDS SOCIAL.

Art. 20. Le fonds social se compose :

1° Des droits d'admission payés par les membres participants;

2° Des cotisations des membres participants;

3° Des cotisations des membres honoraires;

4° Du produit des amendes;

5° Des fonds placés et des intérêts échus;

6° Des dons et legs dont l'acceptation a été approuvée par l'autorité compétente [1];

7° Des subventions accordées par l'État, le département ou la commune.

Art. 21. Les fonds en caisse ne peuvent jamais excéder........ francs; l'excédant est placé à la Caisse des dépôts et consignations [2].

CHAPITRE V.

OBLIGATIONS DES SOCIÉTAIRES ENVERS LA SOCIÉTÉ.

Art. 22. Les membres participants doivent, en entrant, payer un droit d'admission, fixé à....

Cette somme est versée immédiatement après l'admission avec la cotisation du mois courant, ou peut être convertie en cotisation périodique versée en sus de la cotisation imposée par les statuts.

Art. 23. Les membres participants s'engagent à payer une cotisation mensuelle [3], fixée pour les hommes à....., pour les femmes

[1] Article 910 du Code civil et article 8 du décret du 26 mars 1852.

[2] Dans les départements, chez les trésoriers payeurs généraux et receveurs particuliers des finances.

[3] La cotisation mensuelle qui est demandée à chacun des sociétaires doit toujours être égale au moins à l'indemnité quotidienne que l'on accorde aux malades, sauf le cas où la société ne paye ni les soins du médecin ni les médicaments.

à. . . . . , et à remplir les fonctions qui leur seront désignées par le bureau ou l'assemblée.

Le minimum de la souscription des membres honoraires est de. . . . . francs par an.

Art. 24. Chaque sociétaire est obligé, sauf le cas de maladie, de se rendre aux assemblées générales et à toutes les convocations régulièrement faites.

CHAPITRE VI.

OBLIGATIONS DE LA SOCIÉTÉ ENVERS SES MEMBRES.

Art. 25. La société accorde aux malades les soins d'un médecin et les médicaments. Elle accorde en outre une indemnité en argent, fixée pour les hommes à. . . . . par jour pendant les trois premiers mois et à. . . . . pendant les trois mois suivants; pour les femmes, à. . . . . par jour pendant les trois premiers mois.

Si, à l'expiration de ce terme, le malade n'est pas rétabli, le bureau décide si l'indemnité en argent doit être continuée, diminuée ou supprimée, selon l'état de la caisse [1].

[1] *Articles additionnels applicables aux sociétés municipales de secours mutuels de la ville de Paris :*

« Art. . La société admet aux conditions de ses statuts, mais sans conditions d'âge, de stage ou de droit d'entrée, tout membre participant d'une autre société municipale ou communale de Paris ou de la banlieue qui vient résider dans sa circonscription. Ce membre participant doit avoir fait son stage et acquitté le droit d'entrée dans la société d'où il sort. L'accomplissement de ces conditions doit être attesté par un certificat du président de cette société.

« Toutefois, si la société reconnaît, par la déclaration de son médecin ou par suite de quelque circonstance prévue dans ses statuts, que ce sociétaire étranger est dans un état de santé capable d'entraîner de trop lourdes charges, elle ne s'engage qu'à lui accorder les soins intermédiaires aux frais de sa société primitive, conformément aux dispositions de l'article suivant.

« Si le sociétaire étranger est admis comme membre de la société, il jouira immédiatement des avantages sociaux pour ce qui concerne la maladie et les frais funéraires; mais, pour tout le reste, il ne prendra rang que du jour de son inscription.

« Les dispositions du présent article, sauf le paragraphe relatif aux soins intermédiaires, sont applicables au membre participant d'une société privée dissoute pour insuffisance de ressources.

Art. 26. Une indisposition de trois jours ne donne pas lieu à une indemnité. Une maladie plus prolongée donne droit à partir du premier jour.

Dans le cas où, après les quinze jours qui suivent l'accouchement, un membre participant femme tombe malade, cette maladie est considérée comme maladie ordinaire et donne droit aux secours habituels de la société.

Art. 27. Tout malade rencontré hors de chez lui sans y être autorisé, celui qui a pris des médicaments ou des aliments contraires aux ordonnances des médecins, celui qui fait usage de liqueurs alcooliques, cesse de recevoir l'indemnité en argent.

Les secours en argent cessent également d'être accordés au malade qui est trouvé exerçant sa profession ou tout autre travail lucratif.

Art. 28. Le membre participant en retard de trois mois dans le payement de sa cotisation n'a droit au secours en argent que quinze jours après s'être entièrement acquitté.

Art. 29. Aucun secours n'est dû pour les maladies causées par la débauche ou l'intempérance, ni pour les blessures reçues dans une rixe, lorsqu'il est prouvé que le membre participant a été l'agresseur, ni pour les blessures reçues dans une émeute à laquelle il aura pris une part volontaire, ni lorsque le membre participant est atteint d'aliénation mentale ou de la petite vérole, s'il ne justifie qu'il a été vacciné.

La société n'accorde pas de secours pour cause de chômage.

« Art. . La société conservera ceux de ses membres qui cesseront de résider dans sa circonscription, quand ils ne pourront pas être admis dans une autre société du département; elle s'engage à leur assurer dans leur nouveau domicile la jouissance de tous les avantages sociaux déterminés par les présents statuts.

« Toutefois, lorsque l'éloignement peut nuire à la régularité du service et aux intérêts légitimes du sociétaire, elle s'entend avec la société municipale ou communale sur le territoire de laquelle le sociétaire a transporté son domicile, pour lui confier auprès du malade tout ou partie du service médical, pharmaceutique, funéraire, pécuniaire, ainsi que celui des visites, à la charge par elle de payer l'abonnement médical en usage dans ce quartier ou dans cette commune et de rembourser toutes les avances à la fin de chaque quinzaine ou de chaque mois. La société s'engage à rendre le même service aux autres sociétés municipales ou communales qui s'entendront avec elle pour cet objet. »

Art. 30. La société assure à ses membres participants, hommes ou femmes, en cas de décès, un enterrement convenable dont tous les frais sont à sa charge [1].

[2]......membres participants sont convoqués pour assister aux obsèques des membres décédés dans la commune.

Une députation d'un même nombre de membres participants assistera aux convois des membres honoraires [3].

Art. 31. Le membre participant n'a droit aux avantages de l'association que trois mois après son premier versement.

CHAPITRE VII.

SECOURS AUX INFIRMES OU INCURABLES.

Art. 32. Les membres participants réputés incurables ou devenus infirmes avant l'âge fixé par les statuts pour être admissibles à la pension de retraite, conformément aux dispositions du décret du 26 avril 1856, peuvent recevoir un secours déterminé, chaque année, par le bureau selon les ressources de la caisse, et prélevé sur le fonds de réserve.

CHAPITRE VIII.

PENSIONS DE RETRAITE.

Art. 33. Un fonds de retraite est créé conformément au décret du 26 avril 1856 et placé à la Caisse des dépôts et consignations.

Ce fonds se compose :

1° De prélèvements faits par la société sur les excédants de recettes [4];

[1] La société peut accorder pour les frais funéraires une somme fixe déterminée par les statuts.

[2] Indiquer le nombre suivant l'importance de la société.

[3] La société peut contracter près de la Caisse des dépôts et consignations une assurance collective en cas de décès, destinée, soit à solder les frais d'enterrement, soit à allouer à la veuve ou aux orphelins une indemnité. (Voir décret du 13 août 1877.)

[4] Le Ministre de l'intérieur, pour le département de la Seine, et les préfets pour les autres départements, approuvent les versements destinés à la Caisse des retraites. (Décret du 13 avril 1861, art. 1er, § 11.)

2° De subventions spéciales accordées par l'État, le département ou la commune;

3° De dons et de legs dont l'acceptation a été autorisée par l'autorité compétente [1].

Les pensions sont servies par la Caisse générale des retraites pour la vieillesse. Elles sont liquidées pour les trimestres : 1er janvier, 1er avril, 1er juillet et 1er décembre; les arrérages sont soldés par le Trésor public les 1er mars, 1er juin, 1er septembre et 1er décembre [2].

Art. 34. Conformément à l'article 6 du décret du 26 avril 1856, la quotité de la pension est fixée, sur la proposition du bureau, en assemblée générale. Elle ne peut être inférieure à 30 francs ni excéder le décuple de la cotisation annuelle.

Art. 35. Pour être présenté à l'assemblée générale comme candidat à la pension, le membre participant doit avoir au moins soixante-cinq ans d'âge et faire partie de la société depuis quinze ans au moins.

Art. 36. Le président adresse au Ministre de l'intérieur, pour le département de la Seine, et au Préfet pour les autres départements : 1° l'extrait de la délibération contenant le vote et la quotité de la pension, ainsi que la mention de la date de l'admission du membre participant; 2° l'acte de naissance, délivré sur papier libre et certifié par le maire.

Art. .37 Après le décès du pensionnaire, le président transmet au Ministre de l'intérieur, pour le département de la Seine, et au Préfet pour les autres départements, l'extrait sur papier libre de l'acte mortuaire, pour la réintégration au fonds de retraites de la société, en exécution de l'article 4 du décret du 26 avril 1856, des fonds affectés à la constitution de la pension.

CHAPITRE IX.

POLICE ET DISCIPLINE.

Art. 38. Le règlement concernant la police des séances est arrêté

[1] Art. 910 du Code civil et art. 8 du décret du 26 mars 1852 ; avis du Conseil d'État du 12 juillet 1864.

[2] Loi du 12 août 1876, art. 13.

par les soins du bureau ; néanmoins aucune peine pécuniaire autre que celles fixées par les statuts ne peut être établie que par l'assemblée générale.

Art. 39. Tout membre participant qui négligera les fonctions qui lui auront été confiées encourra une amende de......... pour chaque contravention. Il payera une amende de......... s'il a trompé sciemment la société pour son propre compte ou s'il a favorisé volontairement les fraudes et les fausses déclarations des sociétaires ; de plus, il pourra, sur l'avis du bureau, être exclu de la société.

Tout membre participant qui troublera le cours des séances et se présentera en état d'ivresse subira une amende de....... et sera tenu de quitter l'assemblée.

Tout membre participant qui prendra la parole sans l'avoir obtenue sera passible d'une amende de........... Celui qui interrompra le membre qui a la parole sera passible d'nne amende de...........

Tout membre participant qui aura été rencontré en état d'ivresse sur la voie publique sera signalé à l'assemblée générale. En cas de récidive, il pourra être exclu de la société.

Tout membre participant qui prononcera des paroles injurieuses contre les membres du bureau sera passible d'une amende de......
En cas de récidive, il pourra être exclu de la société par l'assemblée générale.

Tout membre qui, dans une réunion, aura soulevé une question politique ou religieuse sera, pour ce fait seul, condamné à une amende de..... francs. Cette amende sera de......... francs pour les membres du bureau.

En cas de récidive, le sociétaire sera exclu de la société.

Art. 40. Les amendes sont exigibles avant la cotisation. Le membre participant qui refuse de payer celles auxquelles il a été condamné cesse de faire partie de la société, à moins d'une décision contraire de l'assemblée générale.

CHAPITRE X.

MODIFICATIONS, DISSOLUTION ET LIQUIDATION.

Art. 41. Toute proposition tendant à modifier les statuts et règlements doit être soumise au bureau, qui juge s'il y a lieu d'y donner suite.

Aucune modification ne peut être admise qu'à la majorité des membres inscrits.

Toutes modifications aux statuts et règlements ne pourront être mises en vigueur qu'après avoir été approuvées conformément au décret du 26 mars 1852.

Art. 42. La société ne peut se dissoudre d'elle-même qu'en cas d'insuffisance de ses ressources.

La dissolution ne peut être prononcée qu'en assemblée générale spécialement convoquée à cet effet, et par un nombre de voix égal aux deux tiers des membres inscrits.

Cette dissolution ne sera valable qu'après l'approbation de l'autorité compétente.

En cas de dissolution, la liquidation s'opérera suivant les conditions prescrites par les articles 6 et 17 du ~~décret~~ du 14 juin 1851, 15 du décret du 26 mars 1852 et 3 du décret du 26 avril 1856.

Imprimerie Nationale. — Décembre 1878.

www.ingramcontent.com/pod-product-compliance
Ingram Content Group UK Ltd.
Pitfield, Milton Keynes, MK11 3LW, UK
UKHW020328220726
13923UKWH00003B/1440

9 782019 636081